¡Ssssssshhhhhhhhhhh!

Haz del teatro algo íntimo

Llévalo siempre en el bolsillo

Cubierta y diseño editorial: Éride, Diseño Gráfico
Dirección editorial: ángel jiménez

Primera edición: octubre, 2024

el jardín de las posibilidades
© Carlos Troyano
© VdB, 2024
Espronceda, 5
28003 Madrid

VdB®

ISBN: 978-84-19850-74-4
Depósito Legal: M-22480-2024
Diseño y preimpresión: Éride, Diseño Gráfico

 Este libro protege el entorno

el jardín de las posibilidades

Carlos Troyano

Natural de Aranjuez y vecino de Los Corrales de Buelna (Cantabria) es, ante todo, un narrador. Su vida y su obra son un entrelazado de historias que encuentran su lugar entre las butacas de un teatro, en las páginas de un guion, en la luz filtrada de un proyector o en el anfiteatro de una fiesta de interés turístico internacional como *Guerras Cántabras*. Técnico Superior en Informática de Gestión y con estudios en Filología Hispánica por la Universidad de Valladolid, Troyano ha sabido encontrar su espacio en el mundo cultural, a través de su obsesión por la creación de nuevos mundos, tanto desde la escritura como desde la producción y gestión cultural.

Como escritor y productor de Artes Escénicas y Audiovisuales, su nombre está unido a la directora Anabel Díez y a su productora «El Tejo Producciones», con ellas Troyano ha logrado sacar adelante más de veinte obras, que recorrieron circuitos teatrales en toda España, extendiendo su talento al mundo audiovisual con cortometrajes premiados en festivales de todo el mundo como *Otoño* y series como *Cuando el río suena*, primera serie de TV de Cantabria, emitida por Cantabria Televisión, reflejo de su habilidad para unir géneros y medios distintos bajo una misma narrativa.

Su trabajo se ha visto galardonado con reconocimientos como el *Julio Peña*, en 2023. En 2022 ingresó en la Academia de la Artes escénicas de España.

CARLOS TROYANO

el jardín de las posibiliades

Esta función se estrenó en el Teatro Coliseum, de Eibar, Guipúzcoa,
el 24 de febrero de 2024, interpretada por Eva Barón (EMILIA 33),
Lidia Casares (EMILIA 51), Patricia Cercas (EMILIA 71),
Belén Galarza (EMILIA 81) y Julia Sanchez (EL JARDINERO).

Dirección:
Dirección: Anabel Díez.

Dedicatoria

Siempre a Carlos y Trini mis padres,
y a mis tres hermanos, por ser las raíces
que me han sostenido en los momentos más difíciles
y el refugio donde siempre he encontrado consuelo.
Por supuesto, a mis dos hijos, Juan y Carlos,
los dueños de todas mis posibilidades.
Lo mejor que he hecho en mi vida. Las dos personas
que consiguen que firme la paz con el tiempo.

Pero sobre todo, a Anabel Díez,
«divina Tanagra del siglo XXI».
Mi compañera, mi maestra y mi motor.
Gracias por ser y hacerme ser arte,
gracias por caminar a mi lado
y gracias por desafiarme siempre para que sea mejor,
como creador y como persona.

Este jardín es también vuestro.

Agradecimientos

A Antonina Rodrigo, Lola Manjón
y Tica Montesinos,
por ayudarme a descubrir a Emilia.

A Eva Barón, Lydia Casares, Belén Galarza,
Patricia Cercas, Julia Sánchez y Verónica Cobo,
por germinar sueños con nosotros.

A Víctor Lorenzo, Sandra Suárez, Iker Gómez
y Kevin Goya, por plantar su arte en este jardín.

A mi amigo Oscar del Val siempre, por todo.

Prólogo
El Jardín de las Posibilidades

Hace más o menos diez años, cuando todavía vivía en Barcelona, una tarde sonó el teléfono de mi casa. Cuando contesté, una voz masculina, cálida y cercana, se presentó con naturalidad. Era Carlos Troyano, un dramaturgo de Cantabria. Al parecer, unas semanas antes, Anabel Díez, directora de teatro con quien comparte su vida, le había entregado un papel en el que había escrito un fragmento de la charla que Federico García Lorca impartió sobre el teatro en 1935:

«Para los poetas y dramaturgos, en vez de homenajes yo organizaría ataques y desafíos en los cuales se nos dijera gallardamente y con verdadera saña: ¿a que no tienes valor de hacer esto?, ¿a que no eres capaz de expresar la angustia del mar en un personaje?, ¿a que no te atreves a contar la desesperación de los soldados enemigos de la guerra? Exigencia y lucha, con un fondo de amor severo, templan el alma del artista, que se afemina y destroza con el fácil halago. Los teatros están llenos de engañosas sirenas coronadas con rosas de invernadero, y el público está satisfecho y aplaude viendo corazones de serrín y diálogos a flor de dientes; pero el poeta dramático no debe olvidar, si quiere salvarse del olvido, los campos de rosas mojados por el amanecer, donde sufren los labradores, y ese palomo, herido por un cazador misterioso, que agoniza entre los juncos sin que nadie escuche su gemido».

En el reverso del papel, Anabel había escrito: te desafío a escribir una obra sobre el mundo de Federico con una mirada nueva.

Por supuesto Carlos aceptó el reto, e inmediatamente comenzó a investigar sobre aspectos poco conocidos de la vida del poeta. Quería saber lo que existía sobre una relación de juventud que el poeta granadino había tenido con una vecina suya llamada Emilia Llanos. Recuerdo que la conversación entre nosotros fluyó con tanta naturalidad, que desde el principio comprendimos que había un vínculo entre nosotros, no solo en la fascinación compartida por estos personajes históricos, sino por una concepción vital similar en muchos aspectos.

En esa llamada, Carlos me confesó que su interés por esta relación había nacido al ver en TVE un documental dirigido por Miguel Santos titulado *La maleta de Penón*. En él, se contaba la historia de Agustín Penón, un investigador catalán exiliado en Estados Unidos que, en plena dictadura franquista, decidió volver a España para investigar las circunstancias del asesinato de Federico. El documental narraba esa búsqueda casi quijotesca, llevada a cabo por Penón a mediados del siglo XX, y mostraba cómo aquel extranjero desafió el miedo y la censura de la época para desenterrar la verdad sobre el poeta granadino.

A partir de ese descubrimiento, Carlos comenzó a investigar más a fondo y llegó al libro *Miedo, olvido y fantasía,* de Marta Osorio. Fue allí, en sus páginas, donde por primera vez descubrió la figura de Emilia Llanos, una mujer que, muchos años después del asesinato del poeta, seguía recordándolo con una intensidad que iba más allá de lo que se podía considerar lógico en una simple amistad. Aquella figura femenina era tan fuerte que poco a poco Carlos fue sintiéndose atraído por ella. Le fascinaba imaginar cómo pudo haber sido la relación entre los dos. Quería saber más de aquella vida llena de emociones contenidas, de recuerdos no dichos y de palabras no escritas. Y fue entonces, cuando comprendió que en su próxima obra de teatro Emilia iba a ser la dueña de «los campos de rosas mojados al amanecer donde sufren los labradores» y que su amor eterno hacia Federico era ese «palomo herido por un cazador misterioso que agoniza entre los juncos sin que nadie escuche su gemido».

Lo curioso es que, tan solo unos días antes de esa llamada, había recibido otra, esta vez de Lola Manjón, una filóloga granadina que por entonces vivía en Logroño y que también estaba investigando sobre la relación entre Emilia y Federico. Me sorprendió que una amistad que durante medio siglo había pasado prácticamente desapercibida para todos los estudiosos de Lorca, de repente comenzara a despertar interés y curiosidad entre personas sin aparente relación entre ellas, apasionadas por desenterrar esos retazos de historia.

Por supuesto a los dos, les conté lo que sabía, se pusieron en contacto y hoy, diez años después, Manjón y Carlos Troyano son amigos. Ella ha escrito dos libros sobre esa relación, abordando distintos aspectos y perspectivas de la conexión entre Emilia y Federico. Hemos asistido a dos montajes teatrales de la obra que Carlos soñaba escribir, el segundo de ellos provocado por los avances en las investigaciones de Lola, y ahora, finalmente, *El jardín de las posibilidades* verá la luz en su versión publicada. Es asombroso pensar cómo un par de llamadas telefónicas coincidentes en el tiempo pueden desencadenar una colaboración que, a lo largo de los años, se ha materializado en una profunda amistad. Una colaboración que, al cerrarse hoy con la publicación de esta obra, curiosamente refleja otro ciclo, uno que se vivió hace más de cien años y sobre el que gira la obra que vais a leer.

El 29 de agosto de 1918, Federico García Lorca, impresionado después de que Ismael González de la Serna le presentara el día anterior a su amiga Emilia Llanos, llamó a su puerta en Granada y le regaló un ejemplar de *Impresiones y Paisajes*, el primer libro que acababa de publicar. En el interior, Federico, inspirado por la profunda conexión espiritual que percibió con aquella inteligente mujer desde el momento de conocerla, había escrito una dedicatoria que permanecería en la memoria de la granadina para el resto de su vida: «A la maravillosa Emilia Llanos, tesoro espiritual entre las mujeres de Granada; divina tanagra del siglo XX. Con toda mi admiración y fervor, Federico 29 de agosto 1918».

Una amistad profunda, delicada y compleja se forjó en esos primeros instantes entre esas dos almas sensibles, unidas por Granada, la poesía, el arte y la belleza. ¿Pudo ser, en algún momento, algo más que una amistad? Para al menos uno de los dos, sin duda lo fue. Emilia Llanos siempre creyó que aquella relación, cargada de potencial para convertirse en amor, no pudo desarrollarse por las decisiones que ella misma había sido incapaz de tomar.

Cuarenta y nueve años después, exactamente el 29 de agosto de 1967, ella falleció en su piso de la Plaza Nueva de Granada. Según recoge Eulalia de La Higuera en su libro *Mujeres en la vida de García Lorca*, Dolores Cebrián, criada de Emilia, le confesó que los dos últimos años de su vida, su señora perdió la cabeza, le hacía poner un plato en la mesa para «el señorito Federico», y hablaba con él a todas horas. Resulta evidente que aquella mujer recordó hasta el último día la amistad que compartió con el poeta, las oportunidades que dejó escapar y el destino trágico que los separó para siempre.

Pues bien, esta coincidencia en las fechas no es solo una anécdota dolorosa; es un símbolo que encarna uno de los temas fundamentales de la obra que hoy les presento. En una vida hay muchas vidas, y cada una de ellas está marcada tanto por las decisiones que tomamos como por las que dejamos atrás, por las vidas no vividas y los caminos no recorridos que nos acompañarán para siempre en forma de fantasmas emocionales.

Así la vida de Emilia Llanos estuvo marcada para siempre por su relación con Federico, fue un ejemplo perfecto de cómo las decisiones —o la falta de ellas— pueden alterar para siempre el curso de una existencia. Durante el medio siglo que duró esa relación, podemos ver la intersección de las fuerzas más potentes que conforman la experiencia humana: el amor, el deseo, la amistad, la guerra, la muerte, la culpa, la pérdida, el perdón y el destino. ¿Qué hubiera sido de Emilia y Federico si las circunstancias hubieran sido diferentes? ¿Qué hubiera pasado si ella hubiese tomado otro rumbo, si él hubiera vivido más allá de la tragedia que lo arrebató de este mundo? Estas preguntas y algunas otras resuenan en el aire de este delicioso *Jardín*, como ecos de un pasado que aún palpita entre los recuerdos de Granada y la sombra alargada de su historia.

Decía Federico en su libro *Suites*: «Mi jardín es el jardín de las posibilidades, el jardín de lo que no es, pero pudo (y a veces debió) haber sido; el jardín de las teorías que pasaron sin ser vistas y de los niños que no han nacido». Es en ese jardín, por el que pasea en este libro Emilia Llanos, deconstruida en cuatro mujeres que son ella misma en etapas diferente de la vida. Emilia, fragmentada por los momentos cruciales que marcaron su vida, odiándose y comprendiéndose. Enfrentándose a una memoria selectiva de la que el autor ya especifica «que miente más que habla», mientras intenta comprenderse y perdonarse para poder acabar sus días en paz.

La primera Emilia es la que vive en 1918, el año en que conoció a Federico, quedando completamente obnubilada por su genio y encanto. Es la más joven, la más vital y la más ilusionada. En ella vemos a una mujer alegre que está convencida de que su relación con el poeta es algo más que una amistad. Una enamorada que vive en la promesa de lo que está por venir, y que cree firmemente que Federico también comparte esos sentimientos.

A pesar de que podemos adivinar que sus expectativas empiezan a verse no cumplidas, se percibe también en ella un halo de inocencia, y un afán narrativo por convencernos de que su realidad es la única posible. Este afán le hace confesarnos que una noche Federico llegó a su cancela y le recitó un poema.

Solo tu corazón caliente,
Y nada más.
Mi paraíso, un campo
Sin ruiseñor
Ni liras,
Con un río discreto
Y una fuentecilla.
Sin la espuela del viento

Sobre la fronda,
Ni la estrella que quiere
Ser hoja.
Una enorme luz
Que fuera
Luciérnaga
De otra,
En un campo de
Miradas rotas.
Un reposo claro
Y allí nuestros besos,
Lunares sonoros
Del eco,
Se abrirían muy lejos.
Y tu corazón caliente.
Nada más.

Con respecto a la persona destinataria de este poema titulado *Deseo* y publicado en 1921, me parece interesante hacer un breve análisis. *Deseo* refleja un paraíso íntimo entre dos amantes, un espacio privado donde los sentimientos de amor se expresan a través del silencio, la naturaleza y el calor del corazón. Muchos años después, Emilia le dijo a Agustín Penón que había sido escrito para ella. ¿Fue así, o es posible que Emilia, reinterpretara retrospectivamente estos versos para hacerlos encajar en su propia narrativa personal? La ambigüedad que rodea la relación entre Emilia Llanos y Federico García Lorca crea un espacio de especulación emocional que nos permite aceptar cualquiera de las dos hipótesis.

Es cierto que el verso «En un campo de miradas rotas» puede parecer definitivo para hacernos creer que iba dirigido a ella. No en vano, por aquel entonces, Emilia sufría de estrabismo, un problema ocular que le afectó hasta que años después fue operada por el doctor Barraquer. ¿Pudo Federico referirse a esa «rotura» física antes de que el estrabismo fuera corregido? La fecha de la escritura y la evidencia de la metáfora nos hacen creer que es muy posible que esto sea así. Sin embargo, incluso si aceptamos que Emilia es la destinataria, surge otra cuestión: ¿de qué tipo de «deseo» habla el poema? Además del estrabismo de Emilia, esa «mirada rota» puede simbolizar también la fractura en las miradas compartidas, es decir, el desajuste entre lo que uno ve y lo que el otro percibe, como si la « mirada rota» fuera en realidad una metáfora del desajuste emocional entre ambos. Así, el poema podría interpretarse como una narración de un amor no correspondido, de las miradas que nunca se cruzan plenamente o que, cuando lo hacen, lo hacen de manera desigual.

Deberíamos, entonces, considerar la posibilidad de que en algún momento, Emilia y Federico traspasaron las barreras del amor cortés para adentrarse tímidamente en un plano físico, y que tal vez allí, el poeta descubriera que el mundo interior de Emilia, sus anhelos y su amor por él, no eran suficientes. No hay ruiseñor, ni lira, el cielo no brilla estrellado, y podemos entender ese río discreto como un antecedente literario de la frase «tu hijo era un poquito de agua de la que yo esperaba hijos, tierra, salud» de *Bodas de Sangre* que no deja de señalar la inconsistente atracción física. Sí, definitivamente en este deseo, lo único que hay es un corazón caliente, el de ella. Estaríamos pues ante la paradoja de que la prueba que nuestra enamorada exhibe para reivindicar la verdad de su amor pasional, fuera la evidencia escrita por el poeta de que ese amor era imposible.

Otro de los documentos que Emilia muestra para demostrar el amor de Federico fue la carta que le envió cuando se fue a Madrid. Una carta que Emilia conservará hasta el fin de sus días y que acabará siendo subastada en 2015 en la sede de Londres de Bonhams por más de tres mil libras.

Srta. doña Emilia Llanos. Plaza Nueva. Granada

Querida Emilia:

Hace mucho tiempo que no sabía nada de usted y ayer la recordé tan cariñosamente como yo sé hacerlo cuando se trata de personas tan exquisitas y espirituales como usted lo es.

Yo la veo en medio de ese maravilloso paisaje granadino como la única mujer granadina capaz de sentirlo, y me alegro extraordinariamente de tener una amiga que mire los chopos encendidos y las lejanías desmayadas como si yo las mirase.

¡Qué hermosa y que triste estará la carrera del Darro y qué nubes habrá por Valparaíso!, ¿verdad? Yo recuerdo a Granada como se deben recordar a las novias muertas y como se recuerda un día de sol cuando niño. ¿Se han caído del todo las hojas?... Aquí, en Madrid, ya están los árboles esqueléticos y fríos; solo en algunos queda una hojilla, que se mueve con el triste viento como una mariposa de oro.

Ahora empieza a llover y todo está cubierto de una niebla maravillosa.

Yo..., siéndole franco, estoy un poco triste, un poco melancólico; siento en el alma la amargura de estar solo de amor. Sé que estas melancolías pasarán..., pero el rastro ¡quedará siempre!

Ayer iba por la Carrera de San Jerónimo y vi una mujer que me pareció usted: lo mismo de alta, lo mismo de elegante. Y lo más gracioso fue que se paró en una tienda de antigüedades... ¡Y qué antigüedades!... Jarrones de China, talaveras viejos, vasos japoneses, collares indios... Usted hubiera dado gritos y la Genoveva de la tienda hubiera salido asustada.

¿Será usted tan cariñosa conmigo que me mande un retrato firmado para verla a menudo? ¿Lo hará?... Yo se lo pagaré con una poesía... ¿Trato hecho?

Por hoy no la digo más. Soy correcto y espero su contestación para escribirla más largamente.

Adiós, Emilia. No os olvida vuestro amigo.

Federico

Sin duda, esta ambigua misiva refleja la intensidad y complejidad del vínculo entre Emilia y Federico, convirtiéndose en el pilar fundamental de *El jardín de las posibilidades*. Así en una de las escenas más conmovedoras, Carlos Troyano logra un momento de profunda resonancia poética al unir las voces de las cuatro Emilias y la del Jardinero para leerla. A pesar de sus diferencias y distancias temporales, todas ellas se fusionan en una sola: la verdadera Emilia, la enamorada, la que nunca pudo expresar plenamente lo que sentía.

Sin embargo, la realidad pudo ser otra. La carta puede ser leída como la de un enamorado discreto o como la de un buen amigo melancólico. Emilia, treinta años más tarde se la enseña también a Agustín como otro símbolo del amor que Lorca le profesó, explicándole que la diferencia de edad, Emilia era trece años mayor que Federico, y sus obligaciones familiares le hicieron no contestar tal y como hubiera querido. En la obra de teatro, se nos muestra en el momento en el que está convencida de que debe responder a la carta con la misma pasión que ella detectaba en sus palabras, pero en lugar de eso, escribió una respuesta llena de vaguedades y de palabras vacías que ocultaban el verdadero latido de su corazón. Cuando Federico regresó a Granada, ya no era el mismo, y Emilia, al percibir ese cambio, se culpó por no haber respondido con el mismo fervor, convirtiendo aquella respuesta avergonzada en una carga que llevaría consigo hasta el final de su vida.

Esa culpa impregna la confrontación de la Emilia de 1918 con el resto de sus versiones, especialmente con la Emilia de 1936, una mujer asediada por el miedo y la incertidumbre, inmersa en el caos de la guerra civil a la que Troyano da una voz poética para acentuar su dramatismo. El personaje se nos presenta en un momento crucial, concretamente al día siguiente de la detención del poeta, cuando la madre de Lorca acude a Emilia suplicándole que interceda por su hijo. Ella promete ayudarlo, pero confiada en que nadie se atreverá a hacerle daño, espera al día siguiente para hablar con Falla y entre los dos intentar liberarlo. Cuando se dirige a la casa del maestro, descubre que ya es demasiado tarde. Este momento, uno de los más desgarradores de la obra, hace que Emilia caiga en el silencio hasta 1956, cuando Agustín Penón llega a Granada para investigar según él mismo dijo: el asesinato del mejor poeta que dio España.

Y aquí aparece Emilia en 1956, para convertirse en la pieza clave para la preservación del legado de Federico, colaborando con Agustín y descubriendo verdades que hasta entonces permanecían ocultas. La valentía de los dos es lo que permite que hoy conozcamos lo que ocurrió en los fatídicos días de agosto de 1936. La llegada de aquel americano empeñado en descubrir como habían sido los últimos días de Lorca despierta una nueva energía en Emilia, que decide dedicar el resto de su vida a reivindicar la memoria de Federico, empujándola hacia el momento culminante de la obra: su encuentro con el Jardinero en 1966, cuando, antes de perder la razón, repasa su vida y las decisiones que la marcaron.

Estas cuatro Emilias son las protagonistas de la obra, enfrentándose una y otra vez a sus propios fantasmas, bajo la atenta mirada de un quinto personaje: el jardinero. Tenían que ser cinco. ¿Quién es el jardinero? A lo largo de la obra, se sospecha que, en ocasiones, es Federico; otras veces, es la belleza o incluso la verdad. Y aunque al final su identidad es revelada, nunca desaparece la sensación de que, más que un personaje, el Jardinero es una hermosa metáfora dramática que representa todas las posibilidades no vividas. En cada rincón de la vida humana, late la inquietud de lo que pudo haber sido. Las decisiones que tomamos, a menudo sin saber su impacto, nos conducen por senderos que parecen definitivos, pero en realidad son solo una de las infinitas bifurcaciones del destino. *El jardín de las posibilidades* se erige como una exploración de ese misterio gracias a las cinco habitantes que le pasean y que lo convierten en un espacio donde las elecciones más pequeñas y las más trascendentales se entrelazan en una danza perpetua, y donde cada uno de nosotros encuentra reflejos de sus propios caminos no tomados.

Respecto a la estructura dramática, la obra se puede dividir en tres momentos. El primero comienza con el prólogo de *El jardín de las toronjas de la luna* que Federico incluye en *Suites*, tal vez su libro más desconocido. Lo primero que se encuentra el lector, al comenzar la obra es al jardinero paseando por el fantástico lugar. De repente, aparece la Emilia de 1966, desorientada y confusa, y es recibida también por el maravilloso personaje, que le explica las reglas de ese peculiar espacio. Por lo que nos cuentan, Emilia ya ha hecho visitas fugaces al jardín, pero en esta ocasión es diferente. Esta vez, el jardinero le advierte que «van a hacer un corto pero dramático viaje».

Nos encontramos ante un comienzo onírico, en el que los recursos poéticos de Federico resuenan una y otra vez en las palabras de los personajes. Poco a poco, vamos matando «al terrible dragón del sentido común» para abandonar nuestras preocupaciones mundanas y adentrarnos en la historia de la vida de Emilia. Bueno, no en toda su vida; Troyano no pretende en ningún momento transitar por el camino de la biografía, sino sumergirnos en un mundo narrativo y poético que nos haga entender las experiencias compartidas entre la protagonista y ese ser de luz casi mítico que es Federico. Este es el punto de partida de *El jardín de las posibilidades*, y la propuesta que se le hace al lector: abandonar su realidad para sumergirse en la de otra persona, a través de un viaje, lleno de símbolos.

¿Cuál es el destino? Cuando nos presentan al resto de personajes, comprendemos que ese viaje es a su vida. Así concluye esta primera parte, explicando que «los recuerdos son cine, pero la vida es algo más, la vida es una obra de teatro» una obra de teatro que vuelve a comenzar en ese momento.

Una vez comenzamos el viaje, vamos contemplando el paisaje, un paisaje tejido con los jirones del recuerdo en los que la vida nos visita en planos superpuestos como si fueran los canjilones de una noria. Poco a poco vamos comprendiendo la historia, descubriendo a Emilia, enamorándonos de esa eterna enamorada culpable de cobardía. Una mujer que no fue capaz de luchar por amor, pero que fue una heroína para salvar su memoria.

Y en la tercera parte llegamos a ese hermoso destino que es la memoria. Cuando los espejos se vuelven hacia dentro y la vida vuelve a fluir dentro de su cabeza. Quizás la demencia sea eso, quizás es ahí en donde los ancianos se esconden para volver a sonreír recordando los momentos felices que pasaron y jugando con aquellos que podrían haber sido. Es en este momento, en el que Emilia confiesa que no le queda miedo, en el que Carlos Troyano por boca de su protagonista se atreve a abordar la pegunta más difícil que Emilia tuvo que hacerse a lo largo de su vida: ¿si Federico era homosexual cómo pudo amarme?

La respuesta la da la propia Emilia: «Amo mi alma, mis sueños, mis palabras; amo de mí todo lo que podía querer en una mujer. ¿Acaso alguna otra puede decir lo mismo?»

Y es aquí donde volvemos al poema *Deseo*, para entender cómo durante un instante, quizás no tan breve como intuimos, Federico García Lorca, el poeta más grande que dio la historia, consideró el corazón caliente de Emilia Llanos como un auténtico paraíso.

Mención aparte merece el espacio escénico que la obra nos propone. Un espacio que no es obra únicamente de Carlos Troyano, sino que tiene autoría compartida con Anabel Díez. Ambos son los creadores de ese lugar de transición y reflexión, donde cada objeto, está cargado de significado.

Espejos que producen reflejos que multiplican las facetas de uno mismo y de los demás, consiguiendo de la misma forma que nadie entiende la misma verdad, que ningún espectador vea la misma obra. Estos espejos, no solo reflejan las distintas versiones de Emilia que habitan el jardín, sino también las distintas realidades que se bifurcan en cada decisión no tomada y que al final inevitablemente terminan cerrándose sobre si mismos.

Puertas, por las que entra y sale constantemente la vida construyendo una metáfora del libre albedrío, que dejan en el lector la sensación de que, en cualquier momento, un pequeño giro podría haber cambiado el curso de la historia.

Una raíz de olivo que nos recuerda la obsesión de Emilia por saberlo todo sobre la muerte de Federico, lo que le llevó incluso a tener roces con la familia, como mi querida amiga, la maravillosa Tica Montesinos, le confesó al propio Troyano, cuando los puse en contacto para que le enseñara la primera versión de la obra.

«Recuerdo que cuando volvimos de Nueva York, Emilia vino a vernos a nuestro piso de Madrid, y que al principio la abuela no quería recibirla porque había hablado demasiado sobre la muerte de tío Federico».

Un carrito lleno de herramientas para cultivar sueños, con molinillos de viento, libros de poemas, abanicos y sombreros, y en el centro una fuente, símbolo de la vida, del tiempo y de la memoria que fluye, aunque de forma irregular.

La fuente, con su agua que corre incesante, nos recuerda que el tiempo sigue avanzando, creando un punto de encuentro entre lo efímero y lo eterno, haciéndonos entender que, aunque nuestros recuerdos y posibilidades no vividas sigan reverberando en nuestras mentes, el tiempo avanza inexorablemente. El momento en el que la muerte del poeta hace detenerse al agua es uno de los más impresionantes de la obra. El cese del fluir del agua se convierte en un potente símbolo de la interrupción de la vida del poeta, de cómo su asesinato durante la guerra civil española paralizó no solo su voz, sino también las posibilidades que su vida y obra podrían haber ofrecido al mundo. haciendo presente la magnitud de la pérdida, no solo personal sino también cultural y universal, que significó la muerte de Federico García Lorca.

Este momento de interrupción del agua en la fuente representa el cese de lo posible, de las alternativas que el destino cerró con la muerte de Lorca. Es como si el mismo jardín, al perder a su cuidador poético, quedara suspendido en el tiempo, incapaz de seguir adelante sin la vitalidad de su figura central. Y, sin embargo, la detención del agua no es definitiva, es solo una metáfora de la transformación de la vida en memoria, una explicación de como el tiempo hace que la existencia perdure en forma de recuerdos, poemas y posibilidades no vividas. A través de este recurso simbólico, se nos invita a reflexionar sobre la permanencia de una persona como Federico que, aunque físicamente fuera cruelmente asesinado, seguirá presente para siempre en el imaginario colectivo.

Y así, amigos, nos acercamos al umbral de este *Jardín de las posibilidades*, un umbral que os invito a traspasar con la mente abierta y el corazón dispuesto a descubrir su belleza.

Entrad es este universo donde lo real y lo imaginado se entrelazan en un delicado juego de espejos, para realizar un viaje que desafía no solo las fronteras entre la historia y el deseo, sino también las de nuestra propia comprensión de lo que significa amar, recordar y perder.

Os animo a dejaros llevar por este relato en el que los recuerdos, como los sueños, se disuelven en símbolos, mientras la poesía de García Lorca renace con nuevas voces, a través de la mirada siempre enigmática de Emilia Llanos. Porque este jardín crece imparable sobre el lirismo eterno de Federico, especialmente de la delicadeza de sus *Suites*, respirando con vida propia sobre los personajes que Carlos Troyano, ha sabido entretejer, con la habilidad y sensibilidad que le caracteriza, para escudriñar las emociones profundas y adentrarse en el territorio de la tragedia humana con la precisión de quien comprende las heridas invisibles, esas que el tiempo no ha sabido cicatrizar.

Recordad que este jardín no es solo un escenario; es una invitación a explorar el universo íntimo de quienes vivieron en la sombra, de quienes amaron y sufrieron en silencio, y de aquellos cuyas vidas fueron truncadas por la guerra, la represión y el olvido.

¿Imaginad qué haríais si os encontrarais cara a cara con la persona que una vez fuisteis? ¿Qué le diríais ahora que entendéis los errores, los desvíos, los anhelos no cumplidos? En este jardín, esas preguntas cobran vida, y el tiempo, como en un sueño, se pliega sobre sí mismo. Recorred sus senderos y entrad por cada puerta que se abre para enfrentaros a las posibilidades de lo que fue y lo que pudo haber sido. Mirad con valentía la vida, analizad las decisiones que tomasteis, las oportunidades perdidas y los caminos no transitados y pensad si ha llegado el momento de firmar la paz con vosotros mismos.

Hoy, cien años después de que Federico escribiera: «Los teatros están llenos de engañosas sirenas coronadas con rosas de invernadero, y el público está satisfecho y aplaude viendo corazones de serrín y diálogos a flor de dientes», os invito a que entréis en un teatro diferente. Uno donde lo imposible no solo es posible, sino necesario; donde los corazones laten de verdad, y los diálogos están hechos con la madera de raíz de los olivos que abrazan cadáveres de poetas asesinados.

Dejemos que el misterio desvelado penetre en nosotros: lectores espectadores, que la pulsión de Emilia Llanos, la mujer que ensoñó en silencio su amor por Federico García Lorca, nos conmueva. Dejemos que una hermosa historia que, durante muchos años, ha permanecido en luminosa sombra, pase a tener vida propia, como lo hicieron las mujeres que pueblan la dramaturgia lorquiana por los escenarios del mundo.

Antonina

Personajes

Jardinero
Emilia 81
Emilia 51
Emilia 71
Emilia 33

 4 1

Acto I
Escena 1

*Espacio onírico e irreal. Un suelo de azogue da
la sensación de agua detenida. Al fondo, una pared también de espejos, que contiene cuatro puertas giratorias. Las puertas cuando se vuelven
conforman un ventanal árabe con vistas a un
jardín, a ser posible no realista.*

*En el centro del escenario, una fuente de bron-
ce vierte agua incesantemente sobre un plato de
porcelana de manera que el sonido del agua es
constante.*

Junto a ella, se encuentra el JARDINERO. *El
JARDINERO es una persona de unos diecisiete años,
da igual su género siempre que sea andrógina.
Lleva un vestido blanco. En la mano carga con
un farolillo. A su lado, hay un carrito también
de bronce en el que sobresalen molinillos de vien-
tos, y mariposas de papel. En el extremo dere-
cho, un tronco de árbol que puede servir de ban-
co y que tiene forma de raíz.*

*Durante la entrada del público, el telón está
abierto, la luz va disminuyendo muy poco a poco
mientras el JARDINERO da paseos por su espacio.
De vez en cuando se escuchan cantos de pájaros. En el aire de la sala hay olor a jazmín.*

Al acabar de bajar la luz, el JARDINERO *toma
el centro, mira al público y comienza a hablar.*

NOTA: El texto entre comillas («»), pertenece al prologo de *En el jardin de las toronjas de la luna*, de Federico García Lorca.

JARDINERO «Me he despedido de los amigos que más quiero para emprender un corto, pero dramático viaje. Sobre un espejo de plata encuentro, mucho antes de que amanezca, el maletín con la ropa que debo usar en la extraña tierra a la que me dirijo. El perfume tenso y frío de la madrugada bate misteriosamente el inmenso acantilado de la noche. En la página tersa del cielo temblaba la inicial de una nube, y debajo de mi balcón un ruiseñor y una rana levantan en el aire un aspa soñolienta de sonido».

(El JARDINERO *coge un molinillo, lo sopla y cuando empieza a dar vueltas, se abre la primera puerta de la derecha. Aparece* EMILIA 81, *muy agitada. En la puerta queda la estampa del jardín.)*

EMILIA 81 ¡Silencio! ¡He dicho silencio!

JARDINERO ¿Qué pasa?

EMILIA 81 El tiempo, que anda dando vueltas como si fuera un perro chico en un acuario. ¿No lo escuchas?

JARDINERO No.

EMILIA 81   ¿Has venido?

JARDINERO   Siempre estoy.

EMILIA 81   ¿Hablas? Las otras veces no hablabas.

JARDINERO   Las otras veces eran otras veces. ¿Te molesta que hable?

EMILIA 81   ¡Qué va! Lo prefiero. Me siento tan sola... Yo creo que son esos medicamentos que me dan. Hace varios días que no te veía.

             (*El* JARDINERO *da una vuelta alrededor de la fuente meneando el molinillo. Se pone enfrente de* EMILIA 81 *y comienza a hablar.*)

JARDINERO   ¿Me echabas de menos?

EMILIA 81   A mi edad se echan de menos hasta los insultos ¡Dile a Encarna que ponga la mesa!

JARDINERO   ¿Encarna? No conozco a ninguna Encarna.

EMILIA 81   ¿Ya empezamos Dolores?

JARDINERO   Yo no soy Dolores.

EMILIA 81   ¿Quién eres entonces?

JARDINERO   Soy tu jardinero.

EMILIA 81   Yo no tengo jardín.

(*Con ternura.*)

JARDINERO   No digas eso, todos tenemos uno. El tuyo es precioso.

EMILIA 81   Te digo que... ¡Espera! Tú quieres volverme loca, ¿verdad? Eso es. Ahora lo entiendo, eres mi locura.

JARDINERO   Puedes llamarme como quieras.

EMILIA 81   Te llamaré por tu nombre ¿Qué haces aquí?

(*El* JARDINERO *vuelve a dar una vuelta a la fuente en el sentido inverso al anterior, coloca el molinillo en el carrito y vuelve a situarse en el centro del escenario mirando al público.*)

JARDINERO   «Me he despedido de los amigos que más quiero para emprender un corto pero dramático viaje. Sobre un espejo de plata encuentro, mucho antes de que amanezca, el maletín con la ropa que debo usar en la extraña tierra a la que me dirijo».

EMILIA 81   ¡Silencio!

JARDINERO   ¿Qué pasa?

EMILIA 81   El tiempo, que anda dando vueltas como si fuera un perro chico en un acuario. ¿No lo escuchas?

JARDINERO ¡Eso ya está dicho!

EMILIA 81 ¿Cuándo?

JARDINERO Aquí, no hay cuándo.

EMILIA 81 Me estás confundiendo con tanta palabrería.

JARDINERO No es palabrería, es... (*Coge de nuevo el molinillo.*) ...belleza.

EMILIA 81 Ni siquiera es tuya.

JARDINERO Las palabras no tienen dueño.

EMILIA 81 Las palabras no, pero la poesía sí.

JARDINERO La poesía solo es el perro lazarillo de la angustia.

EMILIA 81 ¿Crees que puedes decir eso así como así? Si no te duele, no. Los poemas son sangre, no saliva ¿Qué buscas?

(Deja el farolillo en el suelo y mientras dice el texto da vueltas y mueve los brazos como si fueran alas.)

JARDINERO Hago los últimos preparativos, embargado por sutilísimas emociones de alas y círculos concéntricos. (*Coge el molinillo con las dos manos como si fuera una espada frente a ella.*) «Sobre la blanca pared del cuarto, yerta y rígida como una serpiente de museo, cuelga la espada gloriosa que llevó mi abuelo en la guerra contra el rey don Carlos de Borbón. Piadosamente descuelgo esa espada, vestida de herrumbre amarillenta como un álamo blanco, y me la ciño recordando que tengo que sostener una gran lucha invisible antes de entrar en el jardín». (*Se coloca el molinillo en la cintura. Es un personaje que juega porque tiene la pureza de una niña.*) «Una Lucha extática y violentísima con mi enemigo secular, el gigantesco dragón del Sentido Común».

EMILIA 81   ¿Lo ves? Eres mi locura. (*Se abren las otras tres puertas repentinamente. Aparecen la* EMILIA 71, EMILIA 51 *y* EMILIA 33, *se las ve en penumbra, estáticas, mirando al frente. El* JARDINERO *y* EMILIA 81 *se asustan. El* JARDINERO *coge un carrito, se retiran hacia la puerta de* EMILIA 81. *Desde allí, las miran con curiosidad.*) ¿Y estas?

JARDINERO   Son Tú.

EMILIA 81   ¿Yo?

JARDINERO   En una vida hay muchas vidas.

EMILIA 81   ¡Demasiadas! (*Se acerca a observarlas.*) No me reconozco.

(*El* JARDINERO *se encoge de hombros.*)

JARDINERO La memoria, que miente más que habla. (EMI-
LIA 81 *mira a* EMILIA 33 *con emoción.*) «Una
emoción aguda y elegíaca por las cosas que
no han sido, buenas y malas, grandes y pequeñas, invade los paisajes de mis ojos casi
ocultos por unas gafas de luz violeta. Una emoción amarga que me hace caminar hacia este
jardín que se estremece en las altísimas llanu-
ras del aire».

(EMILIA 81 *va a mirar a las otras y las señala.*)

EMILIA 81 ¿Hablan?

JARDINERO «Los ojos de todas las criaturas golpean como
puntos fosfóricos sobre la pared del porvenir...
Lo de atrás se queda lleno de maleza amari-
lla, huertos sin frutos y ríos sin agua». (*Se es-
conde detrás del carrito. Es un personaje mágico, pero asustadizo.*) «¡Jamás ningún hombre
cayó de espaldas sobre la muerte!».

(EMILIA 51 *entra en el escenario. Su puerta queda por la estampa del jardín. Es una mujer de
51 años. Triste. Con un vestido oscuro.*)

EMILIA 51 Si ve a alguien tumbado sobre una cama con
los zapatos puestos, se pone enfermo. Una vez
se quedó mucho tiempo callado. Cuando le
pregunté qué le pasaba me contestó que estaba ensayando para la muerte, que no quería
quedarse en blanco.

(Emilia 33 *entra en el escenario. Su puerta queda por la estampa del jardín. Tiene 33 años, pero su voz parece mucho más joven. Es Alegre. lleva un vestido colorido.*)

Emilia 33   En Navidad él pone el Nacimiento. La Nochebuena le vuelve loco. Se sienta en el suelo delante del niño Jesús y toca la zambomba cantando alegres villancicos. Cuando Federico toca, hasta la Virgen tararea.

(Emilia 71 *entra en el escenario. Su puerta queda por la estampa del jardín. Es una mujer de 71 años. Decidida. lleva un vestido marrón.*)

Emilia 71   ¿Qué te interesa Agustín? ¿Qué necesitas saber para tu investigación? Antes de que llegaras, no podía pensar en el pasado, solo en su muerte cruel e infame, tenía el dolor de que no estaba ya…, de que no lo vería más, pero tú me has llevado a recordar y ahora siento que Federico vuelve a estar aquí entre nosotros.

Emilia 81   ¡Anda Jaleo!

(*El* Jardinero *anda entre las Emilias. Acaba abrazada a* Emilia 81.)

Jardinero   «Pero yo, por un momento, contemplando ese paisaje abandonado e infinito, he visto planos de vida inéditos, múltiples y superpuestos, como los cangilones de una noria sin fin».

EMILIA 71   De niña me encantaban las norias.

EMILIA 51   A los niños les gustan las cosas que dan vueltas.

EMILIA 33   Como las peonzas.

EMILIA 51   Y los caballos tristes de los tiovivos.

(EMILIA 33 *coge a* EMILIA 81 *y la lleva al centro paseando.*)

EMILIA 33   Los novios, cuando pasean cogidos de la mano por las plazas, también dan vueltas, pero cada una es distinta.

EMILIA 81   Me gustaría tanto volver a pasear por la Alhambra.

EMILIA 33   No se ponga triste. ¡Si esto parece el Generalife de lo bonito que lo tiene!

EMILIA 51   ¡Schist!

EMILIA 33   ¿Qué pasa?

EMILIA 51   ¿No escucháis los disparos?

EMILIA 33   ¿Disparos? No.

EMILIA 51   Allí, allí ¡Mira! Por allí sube un camión. Va cargado de hombres. Los llevan a fusilar.

EMILIA 33   ¡No diga tonterías que me está usted asustando mujer! ¿A quién van a fusilar? Si aquí nos conocemos todos.

EMILIA 51   Por eso.

EMILIA 71   Aquí hasta el aire que entra por la boca, viene de otra boca.

EMILIA 51   Alguien llama ¿No lo han oído? ¡Emilia, Emilia! (*Todas callan temerosas.*) Dos veces, dos veces. Seguro, ¿pero es que no escuchan los gritos?

EMILIA 71   Ya no quedan gritos.

(*El* JARDINERO *interrumpe la conversación.*)

JARDINERO   «Antes de marchar siento un dolor agudo en el corazón. Mi familia duerme y toda la casa está en un reposo absoluto».

EMILIA 81   La vejez es el silencio. Por eso los viejos decimos palabras sin sentido, para romperlo.

EMILIA 71   Hay silencios vestidos de miedo.

EMILIA 51   Otros son de dolor, de odio.

EMILIA 81   De melancolía.

EMILIA 51   De muerte.

EMILIA 33   De deseo.

(El siguiente texto corresponde al cuaderno *Suspiros del pasado*, escrito por Emilia Llanos.)

Federico y yo hablamos sobre el encanto de los amores en silencio. Pretende convencerme que así, en silencio, el amor es más fuerte. (*Breve silencio de deseo y ternura.*) Los silencios de deseo tiemblan, como si fueran balandros al amanecer.

JARDINERO   «El alba, revelando torres y contando una a una las hojas de los árboles, me pone un crujiente vestido de encaje lumínico».

(De repente se ilumina el vestido del JARDINERO. *Seguimos profundizando en el carácter mágico de este personaje.)*

EMILIA 51   ¡Precioso! Es idéntico al que llevé en el concurso del «Cante jondo».

EMILIA 81   ¡Eres más bonita que el agua!

EMILIA 71   Eso me dijo. (*Breve silencio de melancolía.* EMILIA 71 *es un personaje cuyas acciones siempre gravitan entre la melancolía y la acción.*) Y estuvo a punto de besarme.

EMILIA 51   Pero luego se alejó como si fuera el mar.

EMILIA 33   El mar. Siempre el mar. ¡Soy tan feliz miran-
             do el mar!

EMILIA 71   Por eso me gustan más los balandros que las
             norias.

JARDINERO   «Algo se me olvida... No me cabe la menor
             duda... ¡Tanto tiempo preparándome! y... Se-
             ñor, ¿qué se me olvida? ¡Ah! Un pedazo de
             madera... uno bueno de cerezo sonrosado y
             compacto. Creo que hay que ir bien presen-
             tado... De una jarra con flores puesta sobre mi
             mesilla me prendo en el ojal siniestro una gran
             rosa pálida que tiene un rostro enfurecido,
             pero hierático». (*Breve silencio de partida.*) «Ya
             es la hora».

             ─────────
             NOTA: Hasta aquí, texto entre comillas («»),
                   pertenece al prologo de *En el jardin de
                   las toronjas de la luna*, de Federico Gar-
                   cía Lorca
             ─────────

EMILIA 81   Pero... ¿no decías que aquí no había tiempo?

JARDINERO   Eso no significa que no pueda haber llegado
             el momento.

EMILIA 33   (*Mirando a la fuente.*) Ahí hay un reloj.

JARDINERO   Es una fuente.

EMILIA 81   ¡Qué tonterías¡ ¿No escucháis? Es una guitarra.

EMILIA 71   De eso nada, es un olivo, un olivo con raíces de poeta.

EMILIA 81   Por eso sus hojas parecen lágrimas verdes.

EMILIA 33   A lo mejor es la puerta de un armario.

EMILIA 51   Todos los relojes son puertas de armarios.

EMILIA 33   Sí, pero este es de la virgen de las Angustias, se lo hizo san José, cuando se conocieron.

EMILIA 51   Cuidado entonces. Si lo abres saldrá volando un pájaro griffón.

EMILIA 71   Con una venda en los ojos.

(Saliendo asustadas, todas, menos EMILIA 81 *y* JARDINERO.*)*

EMILIA 51   ¡Vamos!

EMILIA 33   Amor.

EMILIA 71   ¿Dónde?

(Las puertas vuelven a quedar de espejo.)

EMILIA 81   ¡Silencio!¡He dicho silencio! (*El* JARDINERO *de puntillas comienza a andar con su carrito.*) No te vayas jardinero.

JARDINERO   ¿Qué quieres?

EMILIA 81   Compañía.

JARDINERO   ¿No querías silencio?

EMILIA 81   Lo que no quiero son gritos. (*Breve silencio de duda.*) ¿Eres mi muerte? ¿Voy a morirme hoy?

                (*El* JARDINERO *coge un molinillo y le hace dar unas vueltas antes de responder.*)

JARDINERO   ¿Hoy? Hoy No. (EMILIA 81 *suspira con alivio.*) ¿Tienes miedo?

EMILIA 81   ¿A la muerte? Ni un poquito.

JARDINERO   ¿Entonces?

EMILIA 81   No quiero que me coja por sorpresa.

JARDINERO   Dicen que es la mejor.

EMILIA 81   Puede ser, pero yo quiero verla. Necesito verla.

JARDINERO   ¿Para qué?

EMILIA 81   ¿Sabes cuántas veces me he preguntado qué sintió Federico en el último momento? (Breve silencio de culpa.) Para irme en paz, necesito sentir lo mismo que él, aunque sea un segundo antes de irme ¡Me he perdido demasiadas cosas de la vida! No quiero perderme nada de la muerte.

JARDINERO No soy tu muerte.

EMILIA 81 Sé que no es bueno, pero me gusta pensar en ella. Al fin y al cabo, es lo único que me queda por hacer. (*Breve silencio de reflexión.*) Yo creo que lo último que se siente es alivio ¿Has escuchado cantar a los gitanos flamencos?

JARDINERO ¡Digo!

EMILIA 81 A veces se quedan colgados de un ¡ay! Agarrados al grito, temiendo despeñarse en el silencio. Crees que todo va a acabar de un momento a otro, pero sigue y sigue saliendo aire por su boca, como si por ella expulsaran siglos de dolor. Ese grito es la vida, y cuando por fin te acostumbras a ella, cesa de repente y la nada te sobrecoge. Eso es la muerte, nada más que eso, parece una gran tragedia, pero solo se trata de un sutil sobresalto antes del silencio. (*Silencio de tristeza.*) Lo que duele es la vida. Es tan duro ver como poco a poco se van marchando todos.

JARDINERO Aquí dentro siguen estando.

EMILIA 81 Aquí solo están Los recuerdos. No es lo mismo. Los recuerdos son cine, solo cine. La vida es otra cosa, la vida es una obra de teatro.

(*Sale* EMILIA 71 *con mucha decisión.*)

EMILIA 71 ¡Tres preguntas! tres ¿Quién lo mató? ¿Por qué? y ¿Dónde está enterrado? (*Viene hablando consigo misma. De repente ve al* JARDINERO *y a* EMILIA 81 *y se da cuenta de que no está sola.*) ¡Buenas! (*Mira a su alrededor no sabiendo muy bien como ha llegado allí.*) ¿Dónde estoy?

JARDINERO En el jardín de lo que es y no es, de lo que fue y pudo haber sido, de las decisiones que tomamos y de las que pudimos tomar.

(*Con emoción.*)

EMILIA 71 ¡El Jardín de las posibilidades!

JARDINERO El mismo.

EMILIA 81 (*Ofreciéndole la mano A* EMILIA 71.) Hola Emilia.

EMILIA 71 ¿Quién es usted? ¿Como sabe mi nombre?

EMILIA 81 Tutéame mujer que soy tú.

EMILIA 71 ¿Yo?

(EMILIA 81 *da una vuelta como si fuera una modelo.*)

EMILIA 81 Diez años después.

EMILIA 71 ¡Anda jaleo! Claro que aquí todo es posible, o por lo menos eso decía Federico. (*Mira a su alrededor.*) ¿Dónde se habrán metido estos hombres?

JARDINERO ¿Quienes?

EMILIA 81 Agustín Penón y William Layton.

EMILIA 71 Los mismos. Venía paseando con ellos... pero eso tú ya lo sabes ¡Claro! (*Cogiéndola del brazo como si fuera una amiga.*) ¡Uy! Tú me tienes que contar muchas cosas.

EMILIA 81 ¿Y quitarte el placer de descubrirlas? ¡Nunca! ¿En qué año vives?

EMILIA 71 En 1955.

EMILIA 81 El año que llegó Agustín a Granada.

EMILIA 71 Lleva meses intentando hablar conmigo, pero hasta el otro día no accedí.

(*Recordando.*)

EMILIA 81 Fue Dolores la primera persona que me habló de él.

(*El* Jardinero *hace de criada.*)

JARDINERO   Ha «venio» un americano para escribir un libro sobre el «señito» al que usted tanto quería y al que ahora no me deja llamar por su nombre.

(*Con sorpresa.*)

EMILIA 71   ¿Un americano?

JARDINERO   Me han dicho que el otros día, se presentó en la cena homenaje que le hicieron los de falange a Pepiniqui Rosales.

EMILIA 71   ¿A preguntarles?

JARDINERO   ¡Mejor! A brindar por él. Cogió su copa al terminar la cena, se levantó y dio las gracias a Granada por enriquecer el mundo con el mejor poeta que vieron los siglos...

(EMILIA 71 *la mira con sorpresa y sonríe.*)

EMILIA 71   ¿Pero está loco o qué?

EMILIA 81   Podían haberlo matado allí mismo. Es tan pasional y decidido Agustín... Me recuerda tanto a él que a veces pienso que se ha reencarnado.

(EMILIA 71 *afirma con la cabeza.*)

EMILIA 71   Eso sentí cuando me lo presentó Juan Romero.

(*Se vuelve al* JARDINERO.)

EMILIA 81   Yo soy muy de sentir esas cosas.

(*El* JARDINERO *asiente.* EMILIA 71 *vuelve a acercarse a* EMILIA 81 *como lo haría con una amiga.*)

EMILIA 71   No aguanto a Juan Romero.

EMILIA 81   Con lo adorable que es su madre y lo pesado que es él.

EMILIA 71   ¡Digo! Por ella les recibí.

EMILIA 81   Bueno, por ella y porque me picaba la curiosidad. Empezaba a sentir muchas ganas de conocer al famoso americano que estaba volviendo loca a toda Granada.

EMILIA 71   También. Hablar con él, fue como escuchar a Jesucristo diciendo «Lazaro, levántate y anda».

EMILIA 81   Un milagro. (*Aclarando.*) Llevaba demasiado tiempo callada.

EMILIA 71   Me sentí revivida como si se levantara una losa del sepulcro que había dentro de mí. Ahora quiero recordar, recordar y responder a tres preguntas.

JARDINERO   ¿Quién lo mató? ¿Por qué? y ¿Dónde está enterrado?

EMILIA 71   Las mismas. Han pasado veinte años desde su
             asesinato y es como si Federico nunca hubie-
             ra existido. No podemos dejarlo más. Si lo ha-
             cemos, será el triunfo absoluto de la cobardía.
             (*Mira a su alrededor con prisa.*) Pero tenemos
             tan poco tiempo. Cualquier día detienen a
             Agustín y se acaba todo ¿Dónde se habrán me-
             tido estos hombres? ¡Agustín! ¡Willian!

             (*Entra* EMILIA 51.)

EMILIA 51   ¿Qué gritos son esos? (*Escucha.*) ¡Agua! Es el
             agua. ¡Taconea!

JARDINERO   ¡Taconea agua! Y no detengas tu son.

EMILIA 51   ¡Taconea! que está prisionero el viento.

JARDINERO   ¡Prisionero!

EMILIA 51   Camisas de España negra. Tejidas con odio
             viejo. (*Breve silencio de rabia.*) Canta el mur-
             mullo su nombre.

JARDINERO   Gritan siglos.

EMILIA 51   Siento frío, jardinero.

JARDINERO   Es agosto.

EMILIA 51   Pero hay hielo en las gargantas.
             Y cerrojos en el aire.
             Granada pinta su culpa.

Con cuchillos,
puñales y dagas moras.
Y en la Alhambra flotan muertos.
Cinco pájaros de sangre.

JARDINERO   ¿Tienes prisa?

EMILIA 51   Más que sed. ¿Cómo salgo del jardín?

JARDINERO   Hacia dónde.

EMILIA 51   Hacia el Carmen del maestro. ¿Cómo salgo,
              Jardinero?

JARDINERO   Por aquel arco de lunas sobre el mar sin mo-
              vimiento.

EMILIA 51   ¿Porqué no puedo moverme?

JARDINERO   Es el miedo quien te abraza.

EMILIA 51   ¿No tiene el miedo bastante con sus amores
              gitanos?

JARDINERO   Es que el miedo nunca sacia.

EMILIA 51   Ni la locura tampoco.
              Prométeme, Jardinero,
              que no secará la acequia.

JARDINERO   Corre, corre que las venas tienen prisa por
              convertirse en semilla.

EMILIA 81
/EMILIA 71   ¡Corre, corre!...

               (EMILIA 51 *duda unos instantes pero al final sale por su puerta. Silencio de los que pesan.*)

JARDINERO   ... Que «el miedo es un viento de invierno que se lleva las hojas».

EMILIA 71   Fui una persona horrible.

EMILIA 81   No digas eso. España entera vivía aterrada.

EMILIA 71   Y así seguimos.

EMILIA 81   Yo ahora soy valiente. *Como a* los viejos nadie nos toma en cuenta, pues sentimos la libertad para poder decir lo que queramos. ¡Ya ves!

EMILIA 71   Debería haberlo sido entonces también.

               (*Silencio de vergüenza.*)

EMILIA 81   Ya vale Emilia. Estas viva. Viva, llena de energía y luchando por él como nadie lo hizo. Sí, querida, tú fuiste la primera en aceptar la verdad.

EMILIA 71   ¿Qué verdad?

EMILIA 81   Cuando piensas en tu vida, ¿qué sientes?

EMILIA 71   Me gustaría tanto volver a ver a todos los que faltan.

EMILIA 81   ¿A todos?

(*Otro breve silencio de vergüenza.*)

EMILIA 71   A él.

EMILIA 81   Eso es, Emilia ¡Grítalo! Aquí puedes hacerlo. Grita que estás enamorada, que siempre lo has estado. (*Gritando.*) ¡Te quiero Federico. Te quiero! (*Se vuelve hacia* EMILIA 71.) ¿Ves? No pasa nada Emilia, nunca pasa nada.

EMILIA 71   Ojalá quererlo fuera mi único pecado.

EMILIA 81   Lo es.

EMILIA 71   ¿Pero es que ya lo has olvidado? Él también me quería. Me quería y me escribió una carta de amor pero yo le respondí con una sarta de tonterías. Me daba tanto apuro. (*Enrabietada.*) Si le hubiera dicho la verdad todo hubiera cambiado. ¡Todo!

EMILIA 81   No hubiera cambiado nada, ¿Me escuchas, nada?

EMILIA 71   Eso lo dices para consolarme.

(*Sale deprisa avergonzada y enfadada consigo misma.* EMILIA 81 *mira a la puerta por donde ha salido* EMILIA 71.)

JARDINERO   ¡Qué bonita era la carta!

EMILIA 81 La más bonita que jamas se ha escrito. Él me tenía como algo extraordinario como mujer, me adornaba de todas las bellezas y todos los encantos, era un soñador, un poeta en su primer amor.

JARDINERO Un poeta homosexual.

(*Ante esa palabra la cabeza de* EMILIA *la lleva inmediatamente a que salga* EMILIA 33 *y corte bruscamente la conversación.*)

EMILIA 33 Dos hijos, un niño y una niña. Primero el niño. Le llamaremos Juan, su padre tocará el piano mientras juega en la huerta de San Vicente, luego llegará Inés, mi pequeña Inés. (*Hace como que arrulla a un bebé y canta.*) Nana, nanita, nana del alba, mi niño se duerme, mi niño se calla.

EMILIA 81 Con rama de sueños y sueños de ramas.

EMILIA 33 ¿Conocen la nana del alba?

EMILIA 81 Sí. Es preciosa.

EMILIA 33 Me encanta esa nana. No crea que la he elegido, así como así. ¡Qué va! Llevo pensando mucho tiempo lo que le cantaré a mis hijos cuando nazcan.

JARDINERO ¡Las canciones que se les canta a los niños, son muy importantes!

EMILIA 33 ¿Usted también lo piensa? Yo creo que ese es un deber de cualquier madre. La gente es muy irresponsable. El otro día, sin ir más lejos, escuché a una madre cantando a su bebé.

Por aquella vereda
no pasa nadie.
No pasa nadie
que murió la zagala,
la flor del valle,
la flor del valle.

¡Cómo no va a llorar la criatura! Federico dice que las nanas deben ser melancólicas, que España usa las nanas para teñir el primer sueño de su bebé, pero yo no estoy de acuerdo.

JARDINERO Las nanas deben ser alegres.

EMILIA 33 ¿A que sí? A ver si no cuándo va a estar más contenta una mujer, que al sentir el calor de su bebé, acurrucándose contra su pecho. Eso está claro, pero qué sabrán estos hombres de dormir niños, por favor

(Cogiendo a EMILIA 81 por el brazo con complicidad.)

Federico es mi novio… bueno todavía no… pero lo va a ser. Lo conocí hace tres años, una tarde de verano en mi casa de la Alhambra.

EMILIA 81 Vino con el pintor Ismael González de la Serna.

EMILIA 33   ¿Y usted cómo lo sabe?

JARDINERO   Esta señora ya ha pasado por ti.

EMILIA 33   ¡Anda jaleo!

EMILIA 81   Emilia Llanos, señorita.

(EMILIA 33 *Señalando al* JARDINERO.)

EMILIA 33   ¿Y esta?

EMILIA 81   Pues no sé muy bien qué pinta aquí, la verdad.

JARDINERO   Soy el jardinero, señorita.

EMILIA 33   Encantada. Cuando le cuente todo esto a Federico le va a divertir muchísimo, es todo tan extraordinario. Le gustan tanto las cosas extraordinarias… Se pasa todo el día hablando del más allá. Luego es un miedoso, ya saben, los hombres.

EMILIA 81   ¡Qué buenos ratos pasamos hablando de lo extraordinario.

EMILIA 33   Hablando y viendo. La semana pasada, sin ir más lejos, fuimos a ver una monja que volaba.

EMILIA 81   ¡Es cierto! la monja ¡Vaya cara de pasmado que puso cuando se lo dije!

(*Como si hablara con Federico.*)

EMILIA 33   Me ha dicho una amiga, que ha ingresado en el convento de clausura, una monja que vuela.

JARDINERO   (*Emocionado.*) ¿Una monja que vuela? ¡Una monja que vuela, una monja que vuela!

EMILIA 33   Eso gritaba por toda la habitación.

EMILIA 81   No hubo forma de que callara, hasta que no fuimos al dichoso convento.

(*Las tres se ríen. Hacen que llegan al convento. EMILIA 81 es la madre superiora. EMILIA 33 habla con el JARDINERO como si fuera Federico.*)

EMILIA 33   Buenos días madre. Nos han dicho que tienen ustedes un monja que vuela.

(EMILIA 81 *hace un gesto para que entren.*)

EMILIA 81   Pasen señores, pasen. La hermana les está esperando. Hace un rato que me ha dicho que iba a venir una pareja y nos iba a hacer un regalo.

(EMILIA 81 *pone la mano esperando una lismona. EMILIA 33 mira al JARDINERO que se hace la tonta.*)

EMILIA 33   Pero no seas miserable, chiquillo. Dale un donativo a la madre superiora.

(*El JARDINERO duda.*)

JARDINERO ¡Ea! Un donativo no, un tesoro le voy a dar.

(Le da un beso. La madre superiora con gesto contrariado lo deja pasar. El JARDINERO *saca una celosía del carrito y se la da a la vieja que se pone detrás dejando claro que a partir de ese momento ella va a ser la monja que vuela, con la que hablan a través de un cortinilla de clausura.)*

EMILIA 33 Buenos días, hermana.

EMILIA 81 Buenos días.

(El JARDINERO *habla con* EMILIA 33*.)*

JARDINERO ¿Pregúntale como se llama?

EMILIA 33 ¿Cómo se llama?

EMILIA 81 Dolores. Me llamo Dolores.

JARDINERO ¿Pero tú te das cuenta? ¡Que se llama Dolores! Como la virgen. (EMILIA 33 *le hace un gesto para que se calme.*) Pregúntale si va a volar hoy. (*Emilia le mira alucinada, el* JARDINERO *insiste.*) ¡Vamos!

*(*EMILIA 81 *se adelanta a la pregunta.)*

EMILIA 81 Yo no vuelo cuando quiero. Es el arcángel san Gabriel el que me hace volar para hablar conmigo.

JARDINERO   ¡El arcángel san Gabriel! Que esta mujer habla con san Gabriel! Ay Emilia que igual necesita volver a anunciar un nacimiento. ¿Te imaginas que fueras las próxima virgen? (*Se detiene y la mira.*) ¿Porque tú eres virgen verdad?

(*Enfadada.*)

EMILIA 33   ¡Federico!

JARDINERO   Es lo más grande que nos ha pasado nunca Emilia. Lo más grande. Pregúntale..

EMILIA 81   Lo siento, pero la virgen de las Angustias me ha prohibido responder a más de dos preguntas.

JARDINERO   ¿Cómo? (*El* JARDINERO *comienza a dar vueltas.*) Esto es una desgracia, qué digo una desgracia una hecatombe, una auténtica hecatombe. Hemos desaprovechado las dos preguntas como en los cuentos. ¿Te das cuenta Emilia? ¿Te das cuenta?

(EMILIA 81 *baja la celosía, y mira al* JARDINERO *con ternura.*)

EMILIA 81   Era como un niño grande ¡Mi Federico!

EMILIA 33   Igual de puro.

(*Silencio de melancolía.*)

EMILIA 81   Sigue, sigue contándome cómo lo conocí, que me encanta oírlo.

EMILIA 33   ¿No se acuerda?

EMILIA 81   ¡Cómo olvidarlo! Pero me gusta escucharte. Decíamos que vino una tarde de primavera con Ismael González de la Serna.

EMILIA 33   Fue una tarde de agosto.

EMILIA 81   ¿De agosto?

JARDINERO   Todo es agosto en Federico.

EMILIA 81   Federico e Ismael se habían encontrado por la calle unos días antes, cuando venía a devolverme «El libro de los invernaderos».

EMILIA 33   No era «El libro de los invernaderos», sino «La vida de las abejas».

EMILIA 81   ¿De veras? Pues hubiera jurado... En fin que fue la primera vez que oí su nombre.

EMILIA 33   Eso es cierto. (*Como si hablara con alguien que no está.*) ¿Federico? ¿Federico García Lorca? Por supuesto que estaré encantada de que me lo presentes... ¿Que no puede creerse que haya una mujer en Granada que lea a Maeterlinck?, que suba, que suba y hablaremos.

EMILIA 81   También estaba mi hermana Concha.

EMILIA 33   (*Con fastidio.*) Siempre está mi hermana Concha.

EMILIA 81   Federico hablaba y hablaba sin parar. Era como una fuente inagotable de palabras. Una fuente hermosa y fresca en una tarde de verano.

EMILIA 33   Menos fuentes que a veces se pone muy pesado. No sé cuántas veces me dijo que él también había escrito un libro.

EMILIA 81   «Impresiones y paisajes». Estaba orgullosísimo.

EMILIA 33   (*Como si hablara con Federico.*) ¿Pero de veras tiene usted un libro ya publicado? ¿Con dieciocho años? Por supuesto que me encantará leerlo.

EMILIA 81   Al día siguiente apareció con el libro firmado. ¡Me gustó tanto la dedicatoria!

(*El* JARDINERO *busca en su carrito y encuentra un libro.*)

JARDINERO   «A la maravillosa Emilia Llanos, tesoro espiritual entre las mujeres de Granada, divina tanagra del siglo XX, con toda mi admiración y fervor. Veintinueve de agosto de 1918.»

EMILIA 81   Me enamoré de él desde el primer día.

EMILIA 33   ¡Qué dices! ¡qué exagerada! Ni mucho menos. Me gustaba, pero nada más. (*Silencio de complicidad.*) Fue el día del sombrero blanco cuando consiguió enamorarme.

EMILIA 81   ¡Es verdad! ¿Porqué me dio a mí por hacerme un sombrero?

EMILIA 33   Porque quería copiar uno viejo que tenía.

EMILIA 81   Pero resultaba tan cómica. Yo no sabía hacer sombreros.

EMILIA 33   De cómica, nada. Si no llega a ser por que me interrumpió, lo hubiera conseguido. Siempre he conseguido hacer lo que me he propuesto.

EMILIA 81   La tía ya estaba acostada. Hasta los gatos dormitaban sobre la mesa. (*El* JARDINERO *da dos golpes a una ventana imaginaria.*) Supe que era él, desde el primer momento. (*Habla con él.*) ¿Qué haces aquí a estas horas?

EMILIA 33   Casi me muero de vergüenza.

EMILIA 81   ¿Que a usted no le importa lo que diga toda Granada si lo ven? Claro a usted no, pero yo tengo un nombre, señor mío.

EMILIA 33   ¡Estaba tan guapo!

EMILIA 81   ¿Un poema? ¿Qué me ha escrito un poema? (*Volviéndose.*)

EMILIA 33   Concha, ¡que me ha escrito un poema! A ver
so pesado lea, lea.

(El JARDINERO *lee el libro.)*

JARDINERO   «Solo tu corazón caliente, y nada más.
Mi paraíso un campo
sin ruiseñor
ni liras,
con un río discreto
y una fuentecilla.
Sin la espuela del viento
sobre la fronda,
ni la estrella que quiere
ser hoja.
Una enorme luz
que fuera
luciérnaga
de otra,
en un campo
de miradas rotas.
Un reposo claro
y allí nuestros besos,
lunares sonoros
del eco,
se abrirían muy lejos.
Y tu corazón caliente,
nada más».

(Poema Deseo de Federico García Lorca.)

(Silencio de enamoramiento.)

EMILIA 81   ¡Qué preciosidad! Yo también te deseo. Ven a mis brazos, bésame, bésame ¡qué me importa el mundo cuando estoy entre tus brazos!

EMILIA 33   ¿Pero qué dice?

EMILIA 81   Lo que le debería haber contestado. Eso digo.

EMILIA 33   ¡Qué fácil se ve eso con...! ¿Cuántos años decía que tenía?

EMILIA 81   No lo he dicho.

JARDINERO   Ya se lo digo yo señorita, ochenta y uno.

EMILIA 81   ¡Cotilla!

EMILIA 33   Pues eso ¿Cómo le voy a decir a un hombre, ocho años más joven que yo y casi desconocido que lo quiero?

JARDINERO   ¿Ocho?

(*Emilia intuye que el* JARDINERO *va a decir que no eran ocho sino trece y lo interrumpe.*)

EMILIA 33   Ocho sí, ocho. Y luego estaba lo de mi enfermedad.

JARDINERO   ¿Estaba enferma?

EMILIA 33   ¿Es que no lo ha leído?

EMILIA 81   Cuando habla de las miradas rotas.

(*El* JARDINERO *vuelve a mirar el libro.*)

JARDINERO   *Una enorme luz*
que fuera luciérnaga de otra,
en un campo
de miradas rotas.

EMILIA 81   Estrabismo.

EMILIA 33   ¿Es que tienes que contarlo todo?

JARDINERO   Pero...

(*Se acerca a mirar a* EMILIA 33, *ella baja la mirada.*)

EMILIA 81   Cuando me operó el doctor Barraquer desapareció.

(*Con la mirada baja y miedo.*)

EMILIA 33   ¿Me curaré?

(EMILIA 81 *le levanta la cabeza.*)

EMILIA 81   Como si nunca lo hubieras tenido. Vamos, que ni me acuerdo.

EMILIA 33   Entonces tendré que operarme.

Emilia 81 Pero no te hagas ilusiones que a él no le va a gustar.

Emilia 33 ¿No?

(*El* Jardinero *pone voz de Federico y se dirige a ella.*)

Jardinero Antes de operarte eras única. Nadie tenía tu mirada Emilia, nadie. Ahora eres una más.

Emilia 33 No, si a veces lo mataría. (*Silencio que nace del enfado pero va hacia la coquetería.*) ¡Es tan impulsivo, tan pasional! Cuando me imagino entre sus brazos, tiemblo. Como una hoja, os lo juro. Pero si para frenarlo, he tenido que exagerar mi relación con Rafael.

Emilia 81 ¡El bueno de Rafael!

Emilia 33 Loco de celos se vuelve, cuando le hablo de Rafael.

Jardinero ¡Ese novio tuyo!

Emilia 33 Así le llama.

Emilia 81 Bien que me gustaba cuando se ponía celoso. ¿Le has dicho ya que has cortado con él?

Emilia 33 ¡Digo! Si no, no se me arranca. La pena es que se ha ido a Madrid. Hace un mes. Un mes exacto ha tardado en mandarme una carta de amor. Es preciosa.

(Apretándose el pecho.)

EMILIA 81 ¡Mi carta!

EMILIA 33 ¿Se acuerda de la carta?

EMILIA 81 Todos los días dos veces.

EMILIA 33 ¿Quiere que se la lea? *(Buscándosela.)* ¡Uy! no la tengo, seguro que la he dejado en casa. Voy a buscarla, ahora vuelvo.

(Se va cantando por su puerta.)

EMILIA 81 ¡Vete! ¡Vete y canta, que ya llegará el llanto cuando llegue! *(Se sienta a descansar.)* ¡Qué días tan bonitos!

JARDINERO ¿No deberíamos advertirla de lo que va a pasar?

EMILIA 81 A ella ni una palabra de lo que viene. Ni una palabra ¿Me oyes? Fue la época más feliz de mi vida.

JARDINERO El año que estuviste investigando con Agustín tampoco estuvo mal.

(Entra EMILIA 71. Está nerviosísima.)

EMILIA 71   Ahora lo entiendo. «Quien estaba en Víznar ya no está allí». Me lo acaba de decir un magistrado amigo mío. Es lo mismo que le dijo a Agustín el dueño del hotel de Fuente Grande: «Se veían los restos medio enterrados, pero al cabo de unos días apareció un Buik negro y dejaron de verse» ¡Qué tontos hemos sido! Lo sacaron y se lo llevaron ¿Verdad? ¡Cómo iba a deja don Federico a su hijo tirado en un bosque como un perro! Por mucho que busquen nunca lo encontraran en el barranco. Nunca ¿A qué no?

EMILIA 81   Yo tampoco lo sé.

EMILIA 71   Pero la familia sí, seguro. Iré a Madrid y le preguntaré a su madre.

EMILIA 81   No te dirán nada.

EMILIA 71   Pero Doña Vicenta me aprecia y entenderá que quiera ir a dejar unas flores a su tumba.

EMILIA 81   Todo el revuelo que se está formando en Granada con vuestra investigación ya ha llegado a sus oídos. Habéis entrevistado a todas sus primas, a los que enterraban a los fusilados en Víznar, al cobarde de Ramón Ruiz. Tenéis su acta de defunción, los testimonios de casi todos los que intervinieron en su asesinato. Sabéis todo lo que se puede saber.

EMILIA 71   Se lo contaré todo.

EMILIA 81   Pensará que has hablado demasiado sobre su hijo. Se enfadará.

(Justificándose.)

EMILIA 71   Solo he hecho lo que tenía que hacer. Nadie en Granada salvo el eco cuando yo lo grito, se atreve a pronunciar su nombre.

(EMILIA 81 *se enfada.*)

EMILIA 81   Y así seguirá.

EMILIA 71   Cuando Agustín publique el libro se sabrá todo.

EMILIA 81   No lo hará.

EMILIA 71   ¿Cómo?

EMILIA 81   Agustín nunca publicará el libro. Han pasado diez años ¿Entiendes? Diez años. Le he escrito cientos de cartas. Animándolo, empujándolo, pero no encuentra el camino. Ahora dice que hasta que no muera el dictador, no lo hará.

EMILIA 71   ¿Por qué?

EMILIA 81   Porque no quiere ponernos en peligro a todos los que colaboramos con él. Debemos seguir callados.

EMILIA 71   ¿Diez años?

EMILIA 81   Seguramente muchos más.

(*Se derrumban.*)

EMILIA 71   ¿Pero cuándo va a morirse este hombre?

EMILIA 81   ¿Quién?

EMILIA 71   ¿Quien va a ser? (*Mirando con miedo a los lados.*) Franco.

EMILIA 81   Es eterno.

(EMILIA 71 *se dirige desconsolada hacia su puerta para salir, pero a última hora vuelve la cabeza.*)

EMILIA 71   ¿Por qué me decías antes que aunque hubiera respondido a la carta, todo habría sido igual?

EMILIA 81   ¿Cómo?

EMILIA 71   Sí antes, cuando te dije que debía haberle contestado tú me has dicho que ahora sabías que hubiera dado igual. ¿Por que hubiera dado igual?

EMILIA 81   Y yo que sé. Estoy muy vieja, a veces no sé lo que digo. (*Vuelve a hacerse la confundida y comienza a gritar.*) ¡Dolores! ¡Dolores!, pon un plato más a la mesa que se queda Federico a comer.

EMILIA 71   Aquí no está Dolores, así que déjate de tonterías, y cuéntame por qué no hubiera valido de nada.

EMILIA 81   ¡Que no lo sé!

EMILIA 71   O me lo cuentas, o me quedo esperar a la niña y le digo lo qué va a pasar después.

EMILIA 81   No te atreverás.

EMILIA 71   Prueba.

(La mira con rabia.)

EMILIA 81   ¿De veras no lo sabes?

EMILIA 71   No.

EMILIA 81   Claro que lo sabes. Me he pasado años y años culpándome, pero ahora ya lo he aceptado. Fue mejor haber sido su amiga hasta el último momento que su novia una semana.

EMILIA 71   ¿Y eso por qué?

EMILIA 81   ¿Por qué? ¿Por qué? Porque las semillas no germinan en las manos, por eso. Necesitan tierra ¿Me escuchas? tierra, y Federico era agua.

EMILIA 71   Ya estamos.

JARDINERO   ¿Ya estamos con qué?

EMILIA 71   Yo nunca me di cuenta de esa torcida pasión que cuentan. A veces, llegaba a casa con amigos, pero los chicos que venían con él eran muy normales y nadie los ha criticado jamás.

EMILIA 81   Hasta el maestro Falla, me pidió una vez que hablara con él para ver si conseguía que dejara de ir con las compañías que frecuentaba.

(Enfadada.)

EMILIA 71   Y me negué. Con los amigos no se habla de esas cosas. A los amigos se les quiere y nada más. Además, todos esos dimes y diretes sobre sus inclinaciones llegaron mucho después.

JARDINERO   ¿Después de qué?

EMILIA 71   De que estuviera a punto de besarme en la noche del cante jondo ¿Es que lo has olvidado?

EMILIA 81   ¡Cómo hacerlo!

EMILIA 71   Me deseaba tanto que en cuanto tenía ocasión me adulaba. Decía que mi cuello, con sus lánguidos movimientos, era el de un cisne y me miraba, me miraba constantemente, me miraba de un modo tan ardiente que yo me azoraba. Solo una vez en mi vida sentí el halago de mi vanidad de mujer, solo una vez y fue escuchándolo.

JARDINERO   Eres una delicia de mujer, hay veces que me gustaría que te murieras para llorarte siempre, pero no te mueras Emilia, porque entonces sí que lloraría y me destrozaría la vida.

EMILIA 71   Esa es mi verdad, la que viví con él; pero ahora todo el mundo se empeña en explicarme que los «dimes y diretes» eran ciertos y que a ese hombre que llamaba a mis manos lirios, y que decía que mi cuerpo era maravilloso, lo asesinaron, entre otras cosas, por ser homosexual.

(EMILIA 81 asiente. Silencio. Sale EMILIA 51 como alma en pena. Se sorprende de donde vuelve a estar.)

EMILIA 51   ¿Otra vez aquí?
Siento un rayo de dolor, jardinero.
Un rayo que nace dentro.
Incinerando mis venas,
convirtiéndose en mi dueño.
Mi dolor es como un rayo
que viste con velo oscuro,
las flores que en otro tiempo,
mis entrañas dieron frutos.
¡Miedo! Tengo miedo, jardinero,
que hoy en Granada el silencio,
toca a luto.

EMILIA 81   ¿Ya has hablado con su madre?

EMILIA 51   Flores traía en los ojos de tanto riego.
Y telarañas en la voz.

«Emilia, Emilia, ¡que se han llevado a
                                 Federico!».
¿Quién?
Camisas de España negra,
tejidas con odio viejo.
Mi ruiseñor, mi niño,
mi tembloroso guardián de la ternura.
¿Dónde estás, Federico
con traje de miedo nuevo?
Corre Emilia, vete a hablar
con don Manuel
que andan gritando
las piedras de la Alhambra.

JARDINERO   ¡Corre Emilia, corre!
Que la virgen de las Angustias
hace milagros
¡Ay si llegaras!
¡Si no se parara el agua!
¡Si la espada del espanto
no se hundiera en el carácter
de este cobarde país!
¡Corre Emilia corre,
que la Virgen de las Angustias
hace milagros!

EMILIA 81   ¡Silencio!... ¡He dicho silencio!

*(Se callan todas. Solo se oye el sonido del agua,
que de repente también calla.)*

EMILIA 51   Pero entonces…

(*Con tono de reproche.*)

EMILIA 71   Los milagros no existen.

EMILIA 51   Se lo llevaron ayer, de casa de los Rosales...
no pueden haberle hecho nada todavía, no
pueden. ¿Cómo van a hacerle algo a Federico? ¿Quién iba a atreverse?

(*Silencio de terror.*)

EMILIA 71   Todavía siento dentro de mi cabeza las súpli-
cas de doña Vicenta pidiéndome que fuera a
casa de don Manuel de Falla para que inter-
cediera por su hijo.

EMILIA 81   Pero era imposible que a Federico le pasara
algo, y estaba anocheciendo, así que decidí esperar a la mañana siguiente. Lo siento amor,
lo siento.

EMILIA 51   Iré hoy. A pesar de los disparos, me acercaré
a...

EMILIA 71   ¡Es tarde! ¿Entiendes? Tarde. ¿Cómo pude
quedarme dormida aquella noche?

EMILIA 51   ¿Quién dice que he dormido? ¿Quién se atreve a insultarme de esa forma? He pasado la
noche llorando, llorando sin poder parar. ¿Qué
otra cosa podía hacer?

EMILIA 71   Correr, correr, ¡maldita sea! Salir corriendo de mi casa y subir como si fuera al calvario hasta el Carmen de don Manuel, y cuando me cayera, y la sangre de mis rodillas manchara las piedras de Granada, levantarme y seguir corriendo y gritando y mordiendo si fuera necesario porque eso hacen las mujeres que quieren salvar a sus hombres.

EMILIA 51   Federico no es mi hombre.

EMILIA 71   ¿Qué has dicho?

EMILIA 51   No lo es.

EMILIA 71   ¿Cómo pude negarlo de aquel modo?

EMILIA 51   Hago lo que puedo.

EMILIA 71   Mentira. Al día siguiente ya era tarde. Muy temprano sonó el timbre de mi casa. Era un amigo, me dijo que la escuadra negra se lo había llevado a Víznar y que de madrugada lo habían fusilado.

EMILIA 51   ¡No!

EMILIA 81   Salí corriendo de mi casa, no podía creérmelo.

EMILIA 71   En la cuesta de Gomérez me encontré con Burín y me dijo lo mismo.

EMILIA 51   No puede ser, Federico no puede estar muerto. No puede ser. Tengo que avisar a Falla, tengo que hacerlo.

EMILIA 71   Si metes en esto a don Manuel lo matan también.

EMILIA 51   ¿Pero que estáis diciendo? ¿Qué está pasando? ¿Qué mar inunda mis ojos? Amor, amor. ¿Dónde estás, amor? ¿Cómo pudo alguien verte andar y no quererte? ¿Quién puso su fusil sobre el noble mantel de tus cabellos? ¿Quién sintiendo tu eterna vida en el dedo de un gatillo, pudo tener fuerzas para apretarlo? ¿Dónde empezó todo, amor mío? ¿Cuando nació el odio? ¿A quién hiciste daño mostrando al mundo la belleza? ¿Quién decidió que no ser igual te convertía en peligroso?

(Silencio de tragedia.)

EMILIA 71   Volví a casa deshecha y a pesar de que por la tarde hubo un bombardeo terrible fui a ver a los García Lorca. Quería decirles que les había fallado. Pedirles perdón. Explicarles que no podía ni mirarme al espejo, pero ni siquiera eso pude hacer.

EMILIA 81   Les mentí. Justo cuando llegué a su casa les estaban dando la noticia del fusilamiento de Montesinos, todo era confusión, gritos, no pude contarles la verdad.

EMILIA 71   Le dije a doña Vicenta que había hablado con don Manuel. Cuando me abrazó y me dio las gracias llorando, solo pude balbucear que él se encargaría. Nada más. No pude decirle que Federico había muerto, no pude.

EMILIA 81   Han pasado cuarenta años y no ha habido un solo día en el que no me lo pregunte.

EMILIA 51   ¿Dónde empezó? ¿De dónde viene este odio feroz entre españoles?

EMILIA 71   Prohibí que nadie volviera a nombrar a Federico delante de mí. Era incapaz de oír su nombre. Y estuve veinte años en silencio. Veinte años. Siete mil noches, una detrás de otra. Hasta formar una gran muralla de soledad que me hizo asomarme hasta los bordes mismos del abismo.

(Sale EMILIA *33 muy alegre rompiendo la tristeza.)*

EMILIA 33   La encontré. ¿Se pueden creer que tenía la carta en el bolso? ¡Uy! ¡Perdonen! Parece que están ustedes disgustadas, si quieren me voy.

EMILIA 81   No. No te vayas por favor. No vuelvas a dejarnos. ¿Por qué no nos la lees? ¡Me gustaría tanto volver a escucharla!

EMILIA 33   Claro. Acérquense. Acérquense y la leemos juntas.

(Se reúnen todas alrededor de la carta.)

JARDINERO   Querida Emilia: Hace tanto tiempo que no sabía nada de usted y ayer la recordé tan cariñosamente como yo sé hacerlo cuando se trata de personas tan exquisitas y tan espirituales como usted lo es.

EMILIA 51   ¡Dios mío, la carta!

EMILIA 33   Es de mi novio. Se lo contaba antes a esta señora. Ha tenido que irse a Madrid, para decidirse a dar un paso adelante. Cuando se fue se me llenó el alma de desesperanza. ¿Conoce ese sentimiento?

EMILIA 51   Ya lo creo.

EMILIA 81   Es un sentimiento horrible.

EMILIA 33   Usted que es tan viejita conocerá todas las penas, ¿verdad?

EMILIA 81   Sí, hija sí, por eso ahora soy feliz con respirar, pero sigue, por favor, sigue leyendo.

JARDINERO   Yo la veo en medio de ese maravilloso paisaje granadino como la única mujer granadina capaz de sentirlo, y, me alegro extraordinariamente de tener una amiga que mire los chopos encendidos y las lejanías desmayadas como si yo los mirase.

EMILIA 33   Los chopos encendidos, ¿se da cuenta?

EMILIA 81   Claro. No habla de los chopos niños, ni viejos, ni amigos del viento sur, sino de los chopos encendidos.

EMILIA 33   Federico nunca dice nada por decir, y menos en un papel.

EMILIA 81   Eso está claro.

JARDINERO   ¡Qué hermosa y qué triste estará la carrera del Darro y qué nubes habrá por Valparaíso! ¿Verdad? Yo recuerdo a Granada como se deben recordar las novias muertas y como se recuerda un día de sol cuando niño. ¿Se han caído del todo las hojas? Aquí en Madrid, ya están los árboles esqueléticos y fríos; solo en algunos queda una hojilla, que se mueve con el triste viento como una mariposa de oro.

EMILIA 81   «El hilo va a la estrella donde está mi tesoro.
Mis alas son de plata,
Mi corazón es de oro;
El hilo está soñando
Con su vibrar sonoro...»

(Del Maleficio de la Mariposa de Federico García Lorca.)

EMILIA 33   ¡Uy! Esos son versos de una obra de Federico «El Maleficio de la mariposa» se llama. La estrenó el año pasado en Madrid.

JARDINERO   Son muy bonitos.

EMILIA 33   Pues no gustaron a nadie. Él está convencido de que al final triunfará, por eso se ha vuelto a ir. Pero su padre no piensa lo mismo. Ha tenido que aprobar dos asignaturas para que le permitiera marchar.

JARDINERO   ¿Y usted?

EMILIA 33   Yo también quería que se quedara en Granada, pero sabía que era imposible. Cuando se fue estaba tan triste como alegre, pero ahora estoy más alegre, porque por fin me ha mandado una carta.

EMILIA 81   Una carta, preciosa.

EMILIA 33   ¿A que sí?

JARDINERO   Ahora empieza a llover y todo está cubierto de una niebla maravillosa. Yo, siéndole franco, estoy un poco triste, un poco melancólico; siento en el alma la amargura de estar solo de amor… Sé que estas melancolías pasarán…. pero el rastro ¡queda siempre!

EMILIA 33   Se siente solo, solo de amor y me recuerda con melancolía. Me quiere. Pensaba que nunca iba a atreverse a decírmelo, pero lo ha hecho, me quiere.

JARDINERO   Ayer iba por la carrera de San Jerónimo y vi una mujer que me parecía usted: lo mismo de alta, lo mismo de elegante. Y lo más gracioso fue que se paró en una tienda de antigüedades ¡y qué antigüedades! Jarrones de China, talaveras viejas, vasos japoneses, collares indios... Usted hubiera dado gritos y la genovesa de la tienda hubiera salido asustada.

EMILIA 33   A mí me encantan esas cosas. No puedo evitarlo, veo un rastrillo y comienzo a soñar.

EMILIA 81   Con relojes, guitarras, y armarios de la virgen María.

EMILIA 71   Pero, sigue, sigue por favor leyendo la carta, jardinero.

JARDINERO   ¿Será usted tan cariñosa conmigo que me mande un retrato firmado para verla a menudo? ¿Lo hará?... Yo se lo pagaré en una poesía. ¿Trato hecho? Por hoy no le digo más, soy correcto y espero su contestación para escribirla más largamente. Adiós Emilia, no os olvida vuestro amigo Federico. Madrid 28, de noviembre de 1920.

EMILIA 33   Lo ve, por eso tengo que irme, voy a hacerme una foto preciosa, y le pondré un beso de carmín en una esquina, para que él pueda posar allí sus labios cuando quiera.

EMILIA 51   No, no lo harás.

EMILIA 33   ¿Quién es usted? ¿Por qué dice esa tontería? Claro que lo haré. Ahora mismo.

EMILIA 51   Le escribirás una carta llena de tonterías e insignificancias, una carta que te pesará el resto de tu vida. Te podrá el miedo, como siempre.

EMILIA 33   Pero, oiga, ¿cómo se atreve?

EMILIA 51   Y cuando Federico vuelva de Madrid, ya no será el mismo. Ya nunca será el mismo.

EMILIA 33   ¡Cállese, cállese maldita sea! Dígale que se calle.

EMILIA 51   Yo también soy tú.

EMILIA 33   Usted no soy yo. Jamás seré usted, jamás. ¿Quién dice que deba convertirme en alguien tan odioso?

EMILIA 51   ¿Odioso? ¿Cómo te atreves? Ojalá el mundo fuera como tú lo sientes, pero no es así, ¿me oyes? nunca fue así. ¿Los atardeceres rosas de la Alhambra cuánto duran antes de que llegue el negro de la noche? Yo te lo diré. Nada.

EMILIA 33   Pero díganle algo. Ustedes no son como ella. Díganle que se equivoca.

EMILIA 51   No pueden. Ellas saben lo que digo, mejor que yo.

EMILIA 33   La vida es hermosa, solo hay que saber ver lo que uno tiene.

EMILIA 51   Hasta que miras y todo es ausencia.

EMILIA 33   No quiero seguir escuchando. ¡Déjeme en paz! ¿Me oye? ¡Déjenme todas en paz! Le enviaré una foto con un beso, ¡claro que lo haré!

EMILIA 71   Demasiado tarde, demasiado tarde.

EMILIA 33   ¿Demasiado tarde para qué?

EMILIA 71   Para salvarlo.

EMILIA 33   ¿A quién?

EMILIA 51   ¿A quién va a ser? A Federico.

EMILIA 33   Pero si Federico está en Madrid. En la residencia de estudiantes. ¡Cállense, cállense, maldita sea!

(Se va por su puerta. Silencio.)

EMILIA 51   Son tantos...

EMILIA 71   ¿Quiénes?

EMILIA 51   Los que faltan. Apagaron todas las luces.

EMILIA 81   Nos mataron a todos.

EMILIA 51   ¡Canallas!

(Se va por su puerta.)

EMILIA 71   ¿Al menos publicaremos el libro verdad?

EMILIA 81   Dolores, Dolores, ¿dónde está esa mujer? Tienes que poner un plato más en la mesa, Dolores.

EMILIA 71   Agustín se irá a Estados Unidos para escribir el libro definitivo que reivindique su memoria. Allí lo quieren mucho. Después podré descansar los últimos años y morir en paz sabiendo que he cumplido con mi obligación. Lo conseguiremos, seguro que lo conseguiremos.

JARDINERO   Emilia, por favor.

(Coge a EMILIA 71 *y la conduce hacia su puerta. Sale.* EMILIA 81 *está derrotada.)*

EMILIA 81   ¡Odio la vejez! La vejez es una rata que regresa a la infancia convertida en basura.

JARDINERO   En este jardín no existe la basura.

(Enfrentándose al JARDINERO.*)*

EMILIA 81   No es un jardín. No lo es. Solo es un espejo. Un mar preso en un aljibe. El aullido de un mudo eso es lo que es. Las posibilidades no existen, nunca existieron.

JARDINERO   Están todas dentro de ti deseando vivir ¿Quieres verlas? Solo tienes que abandonar la culpa y acompañarme. (*Saca del carrito un molinillo de viento y se lo da a Emilia.*) Tranquila.

EMILIA 81   No hice nada por él jardinero.

JARDINERO   ¿Quién lo dijo? Algún día se sabrá todo. Algún día este país recordara orgulloso a su mejor poeta. Le levantaran estatuas, publicaran sus versos y no habrá un solo teatro en el que no resuenen sus palabras. Algún día Emilia triunfara la memoria y será gracias a ti, porque tu has sido la primera persona en pelear para que su nombre no sea enterrado en la despreciable ignominia del silencio. ¿Dices que no has hecho nada? Te enfrentaste a un pueblo oscuro, un pueblo que dejó de ser amigo de Federico ante el miedo impuesto por el fascismo reinante ¿Quién hizo nunca tanto por un amor que ni siquiera fue? Es hora de firmar la paz. Acompáñame. Enfréntate al poderoso dragón del sentido común. Cuando le venzas, volverás a ser feliz para siempre. Es posible hacerlo Emilia. Es posible ¿Dónde quieres ir?

(Silencio de deseo.)

EMILIA 81   A la noche más feliz de mi vida.

(*El* JARDINERO *Coloca las puertas por el lado del jardín.* EMILIA 33 *entra de nuevo.*)

EMILIA 33   Federico, Federico. ¿Dónde se habrá metido este hombre?

JARDINERO   ¡Emilia! Pero si estás más bonita que el agua. Pareces una sultana vestida de emperadora.

EMILIA 33   ¿Te ríes de mí?

JARDINERO   Pues claro. ¡Cómo no me voy a reír, si eres la felicidad con moño! ¡Vaya disgusto Emilia! ¿Y ahora qué hacemos?

EMILIA 33   ¿Con qué, Federico?

JARDINERO   ¿Con qué va a ser? Con la Alhambra. Pues no se esperaba la muy tonta, que iba a ser lo más bonito de Granada esta noche. Habrá que taparle con algo los ojos, que se va a morir de celos, mirando lo bien que te sienta ese vestido.

EMILIA 33   ¡Calla, calla zalamero!

JARDINERO   ¡Ea, pues me callo! Pero no me pidas que deje de mirarte.

EMILIA 33   ¿Cuánto falta para empezar?

JARDINERO   ¡Cómo si no lo supieras! Si has llegado la última para que te miráramos. Anda que no habrás tenido que esperar para entrar. ¡Si hasta me ha preguntado Miguel Cerón cuándo te habían levantado una estatua en la puerta!

EMILIA 33   Pero no digas tonterías. Vamos a sentarnos. ¿Me habrás guardado sitio?

JARDINERO   ¡Digo! ¡Ven! Aquí a mi lado y ya no volvemos a separarnos en la vida ¡Don Manuel, don Manuel! ¿ha visto qué dama me he traído de Versalles?... ¿De un poeta? De más, don Manuel. Digna de ponerla encima de un pedestal en medio de un enjambre de poetas, para que se inspiren.

EMILIA 33   Me vais a dar la noche, «pesaos»… ¿quién empieza?

JARDINERO   Manolito. Manolito Caracol.

EMILIA 33   ¿El niño? ¡Ay, Federico, cómo me gusta ese niño!

JARDINERO   Vamos.

(Los dos miran hacia al frente como si escucharan cantar a Manolito Caracol. EMILIA 81 *comienza a recitar.)*

EMILIA 81   Este querer tuyo y mío
lo murmura el mundo entero
pero no sabe la gente
que es tan firme y verdadero,
que acabará con la muerte.

¡Cómo cantaba el niño, cómo cantaba! El agua, la luna, la Alhambra y Federico. ¡Cómo cantaba el agua, cómo cantaba!

(En pie aplaudiendo.)

JARDINERO   ¡Bravo, bravo!

EMILIA 33   ¡Qué bonito!

JARDINERO   Es el triunfo de los pájaros, Emilia. ¡Don Manuel, don Manuel, a ver qué nota le van a poner a ese niño!

EMILIA 33   ¡Pero siéntate chiquillo!

JARDINERO   Porque tú me lo pides, sultana.

EMILIA 33   ¿Quién viene ahora?

JARDINERO   Diego Bermúdez, el tenazas. Desde Puente Genil nada menos.

EMILIA 33   ¡Qué viejito! Algún día nosotros también seremos viejitos, Federico.

JARDINERO   Digo, y comeremos puré de flores con aceitunas, porque no tendremos dientes.

EMILIA 33   A mí no me gustan las aceitunas.

JARDINERO   Pues de pescaíto para ti. Ya te lo doy yo, despacito, para que no se te caiga por la comisura de los labios. Aunque para entonces ya serás tú más joven que yo.

EMILIA 33   No te rías de mi edad que ya sabes que no me gusta. ¡Mira, mira! Ya sale.

EMILIA 81   Cuando anunciamos el concurso del cante «jondo», el Tenazas llevaba veinte años sin cantar. Dicen que otro gitano le pegó una puñalada a causa de una hembra y que por eso le faltaba un pulmón. Nadie pensaba que iba a volver a escuchar su «quejío», pero cuando se enteró del dinero que dábamos por ganar, salió de su casa diciendo que era el momento de rasgar, por última vez la cueva de su alma. Todavía tiemblo al recordarlo.

JARDINERO   Pero, ¿tú has oído, Emilia?

EMILIA 33   Me siento estremecida.

JARDINERO   Porque tú también lo tienes dentro.

EMILIA 33   ¿El qué, Federico?

JARDINERO   El duende. En tus ojos hay más duende que en su garganta.

(EMILIA 33 *cierra los ojos como si fuera a besarlo, desde atrás se oye una voz que los interrumpe.*)

VOZ   ¡Señorita Emilia, señorita Emilia, que ha venido su sobrino a verla. Señorita Emilia!

(EMILIA 33 *se va asustada. El* JARDINERO *vuelve a dejar todas las puertas de espejo excepto la de* EMILIA 81.*)*

JARDINERO   ¿Quieres volver?

EMILIA 81   ¿Dónde?

JARDINERO   A tu vida.

EMILIA 81   Esta es mi vida.

(*El* JARDINERO *da la vuelta a la puerta y la deja entera de espejos.)*

JARDINERO   ¿Entonces es verdad? ¿Estuvo a punto de besarte?

EMILIA 81   Apenas cupo el olor de la alhambra entre nosotros.

JARDINERO   Pero..

(*Silencio.)*

EMILIA 81   Que sí, que no soy tonta. Me ha costado pero ya he aceptado lo que Federico sentía por otros hombres, pero también sé que conmigo no mentía, que lo que me decía era cierto y eso me hace sentirme más especial todavía. (*Silencio enamorado.)* ¿Qué más me da a quien amó si a mí también lo hizo? Amó mi alma, mis sueños, mis palabras; amó de mí todo lo que podía querer en una mujer. ¿Acaso alguna otra puede decir lo mismo?

JARDINERO ¡Por supuesto que no! ¡Tú eres única Emilia! (*Se acerca a ella.*) ¿Me dejas peinarte?

EMILIA 81 ¡Claro! ¿Sabes? De pequeña me encantaba peinar a mi madre.

JARDINERO Y a mi muñeca.

EMILIA 81 ¡Sí! ¡Qué bonita era! Se llamaba... (EMILIA 81 *se queda en blanco.*) No me acuerdo cómo se llamaba.

JARDINERO Antonina.

EMILIA 81 Eso Antonina... Regordeta, morena... Era la muñeca más bonita del mundo. (*Se acerca a ella con extrañeza.*) ¿Y tú cómo lo sabes?

(*El* JARDINERO *sonríe y da una vuelta sobre sí mismo.*)

JARDINERO ¿De veras no sabes quién soy?

EMILIA 81 ¡Espera! (*Emilia la mira con ternura*) ¿Tú también eres?

JARDINERO Más que ninguna.

EMILIA 81   ¿Cómo no te he reconocido antes? ¡Ay Qué alegría más grande!

(Se nota feliz a EMILIA 81. *El* JARDINERO *saca un peine del carrito.)*

JARDINERO   ¿Puedo peinarte entonces?

EMILIA 81   ¡Digo! *(Se sienta en el banquito.)* No dejes nunca de peinarme mi niña, no dejes nunca de peinarme.

(El JARDINERO *saca un espejo de mano y se lo da a* EMILIA 81. *Comienza a peinarla. El reflejo del espejo de mano, aparece en el espejo del fondo como si fuera una luna.)*

JARDINERO   «La viuda de la luna, ¿quién la olvidará?
Soñaba que la tierra
fuese de cristal.
Enfurecida y pálida, quería dormir al mar,
peinando sus melenas con gritos de coral.
Sus cabellos de vidrio, ¿quién los olvidará?
En su pecho los cien
labios de un manantial.
Alabardas de largos surtidores la van
guardando, por las ondas quietas del arenal.
Pero la luna, luna, ¿cuándo volverá?
La cortina del viento tiembla sin cesar.
La viuda de la luna, ¿quién la olvidará?
Soñaba que la tierra fuese de cristal.»

(*Poema Estampas en el jardín del jardín de las toronjas de la luna de Federico García Lorca.*)

(*La luz va desapareciendo tenuamente hasta llegar al...*)

Oscuro.

Esta primera edición de *el jardín de las posibilidades*,
de Carlos Troyano, terminó de imprimirse
en octubre de dos mil veinticuatro,
en Madrid.